Die alte Eule

Mit schönen Geschichten und Liedern
aus dem Regenbogenwald

Dieses Buch gehört:

....

....

Die alte Eule

Mit schönen Geschichten und Liedern
aus dem Regenbogenwald

Ein Sing- und Hörbuch
für Groß und Klein

Inhaltsverzeichnis

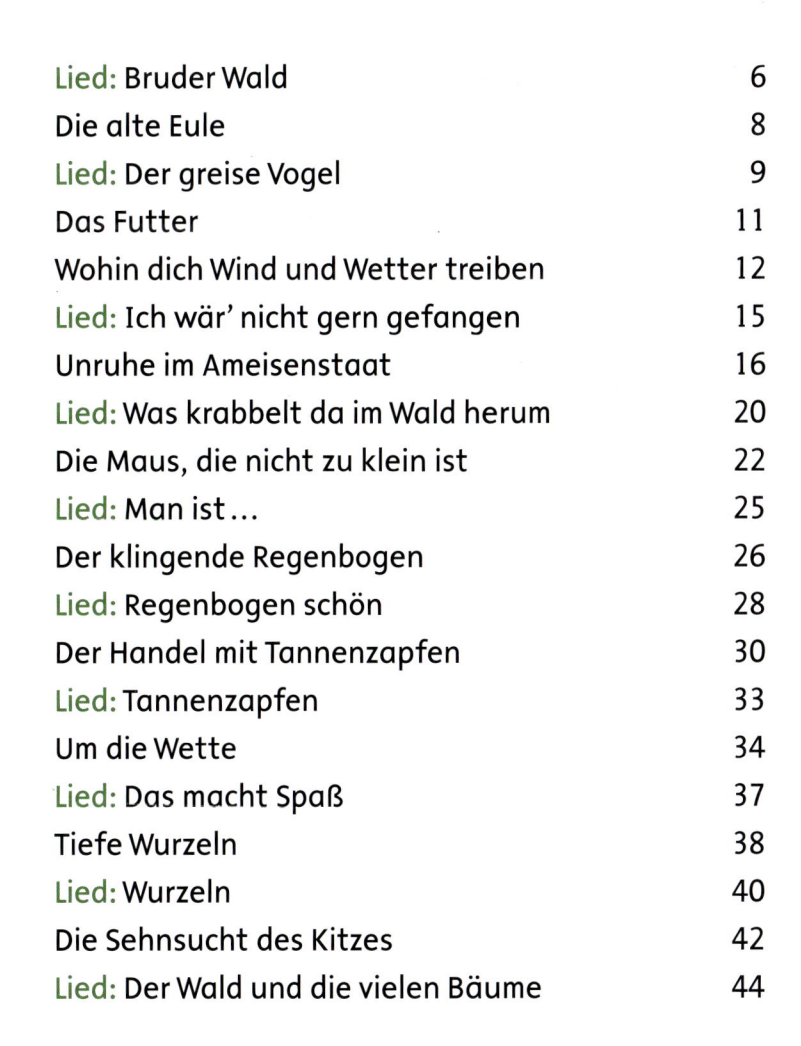

Bruder Wald

♩ = 120

1. Die Bäu-me und die Tie-re, sie le-ben im Wald. Er ist ihr Zu-hau-se und gibt ih-nen Halt. Bru-der Wald, *Bru-der Wald,* Le-bens-raum. *Le-bens-raum.* Bru-der Wald, *Bru-der Wald,* grü-ner Traum. *grü-ner Traum.* Bru-der Wald, grü-ner Traum. *grü-ner Traum.*

Text: Hermann Schulze-Berndt
Musik: Werner Totzauer

6

1. Die Bäume und die Tiere, sie leben im Wald.
Er ist ihr Zuhause und gibt ihnen Halt.

2. Der Wald lässt uns atmen, denn er macht die Luft.
Wir gehen spazieren, genießen den Duft.

3. Der Wald speichert Wasser und schützt vor dem Wind.
In ihm regt sich Leben. Das weiß jedes Kind.

Refrain:
Bruder Wald, Lebensraum.
Bruder Wald, grüner Traum.

Die alte Eule

Es war einmal ein großer Wald mit vielen Pflanzen und Tieren darin. Gewöhnlich lebten die Tiere im Frieden miteinander. Aber wenn sie untereinander Streit oder Schwierigkeiten hatten, gingen sie zu einer alten Eule. Denn sie galt als weise und erfahren. Deshalb suchten viele ihren Rat.

Genauer gesagt, war die Eule ein Uhu. Das ist eine sehr große Eulenart, die größte in Europa. Unser Uhu war so lang wie der Arm eines kräftigen Menschen. Sein Schnabel war krumm. An den Ohren hatte er Federbüsche, die sich aufrichten ließen. Die orangeroten Augen wirkten ausgesprochen groß. Ihr Blick schien alles durchdringen zu können. Die Brust des Uhus hatte Streifen in gelbbrauner Färbung.

Eigentlich sind Eulen so etwas wie fliegende Jäger. Das gilt auch für Uhus. Normalerweise schlagen sie Beute bis zur Größe von Hasen und Rehkitzen. Unser Uhu jedoch war schon sehr alt. Er hatte sich das Jagen längst abgewöhnt. Deswegen hatten die anderen Tiere, egal ob Fuchs oder Dachs, ob Reh oder Igel, keine Angst mehr vor ihm.
Ihr Vertrauen war fest und stark.

Der greise Vogel

♩ = 80

Instrumental Gm7 C7
Fj7 Dm Em7(♭5) A7
Dm D7 Gm7 C7
Fj7 Dm Em7(♭5) A7

Die 2. Stimme immer auf die Silben Hu-u-hu (hier nur angedeutet)

Dm Strophen Dm

hu u hu - hu u

1.) Die al - te   Eu - le

Dm Gm

wohnt im tie - fen Wald,

Gm A7

hat am Ast

Fortsetzung →

Text: Hermann Schulze-Berndt
Musik: Werner Totzauer

1. Die alte Eule wohnt im tiefen Wald,
hat am Ast einer Eiche Halt.
Die alte Eule gibt gescheiten Rat,
wenn ein Tier Schwierigkeiten hat.

2. Der greise Vogel grübelt gerne nach,
dort im Wald unter'm Blätterdach.
Der greise Vogel ist gerecht und klug.
Was er sagt, ist nie ein Betrug.

Das Futter

An einem Nachmittag im Frühling kamen ein Fuchs und ein Dachs zum alten Uhu. Schon von Weitem konnte der Vogel sie schimpfen hören.

„Immer stiehlst du mir die Nahrung", beschwerte sich der Dachs beim Fuchs. „Wenn ich einen Futtervorrat angelegt habe, stelle ich am nächsten Tag fest: Es fehlt wieder etwas."
„Und weil du mir dafür die Schuld gibst", erwiderte der Fuchs, „machst du dich über meine Vorräte her, wenn ich meinen Bau mal kurz verlassen habe."

„Wie ihr behauptet", sprach der alte Uhu, „hat der eine dem anderen Nahrung gestohlen. Das stimmt doch, oder?"
Beide, der Fuchs und der Dachs, nickten widerstrebend.
„Wie wäre es, wenn ihr euch das Futter nicht stehlt, sondern schenkt?"
„Das verstehe ich nicht", nörgelte der Fuchs.
„Wer andere beschenkt", sagte die Eule, „braucht sich nicht zu ärgern. Denn wenn sich der Beschenkte freut, ist auch der Spender froh."

„Wieso?", fragte der Dachs.
„Freude ist doch ansteckend. Wusstest du das nicht?"

Zunächst waren Fuchs und Dachs überrascht. Einander gegenseitig die Nahrung schenken? Einen solchen Ratschlag hatten sie nicht erwartet. Trotzdem taten sie, was der Uhu empfohlen hatte. Denn sie wussten selber keine bessere Lösung. Der eine schenkte dem anderen das Futter. Und siehe da: Fortan lebten sie als glückliche Nachbarn miteinander.

Wohin dich Wind und Wetter treiben

Einsam trottete ein Wildschwein durch den Wald. Es richtete seine kleinen Augen missmutig auf den Boden.

Sogar dem Igel, der sich sonst lieber in seine Stachelkugel verkriecht, wenn ihm ein Borstenvieh über den Weg läuft, fiel die traurige Stimmung auf. Darum fragte er: „Nanu, was schaust du denn so düster drein?"

Das Wildschwein unterbrach seine Schritte. „Ach, weißt du, gestern habe ich mit einer Taube gesprochen, die gerade von einem langen Flug zurückgekehrt war. Sie war in einem Land gewesen, wo zweibeinige Wesen leben, die sich Menschen nennen. Diese Zweibeiner sperren die Tiere ein, hinter Gittern, in Käfigen oder mit Holzzäunen. Kannst du dir das vorstellen?"

„Nein", meinte der Igel. „So etwas habe ich noch nie gehört."
„Und weißt du, was das Schlimmste ist?"
„Nein."

„Unter den Tieren, die man zusammengepfercht hatte, waren auch solche, die wie Schweine aussehen, das heißt so wie ich. Aber bei ihnen hingen die Ohren ganz schlapp herab. Die Beine waren kürzer als bei uns Schweinen hier im Wald. Und die Haut war nur ganz spärlich mit Haaren bedeckt. Was für Tiere waren das bloß? Richtige Schweine können es ja nicht gewesen sein."
„Wieso?"
„Nun ja, sie sahen doch nicht genauso aus wie ich."
„Das ist ja nicht besonders schlimm", warf der Igel ein. „Schließlich kommt es ja nicht unbedingt darauf an, dass man vollkommen gleich ist. Das wäre ja langweilig. Hauptsache ist doch, dass die wesentlichen Merkmale übereinstimmen, das Grunzen zum Beispiel."

„Das habe ich auch schon gedacht", entgegnete das Wildschwein. „Trotzdem steckt womöglich mehr dahinter. Dafür waren es einfach zu viele Unterschiede."
„Leider kann ich dir nicht weiterhelfen", sagte der Igel. „Aber geh' doch mal zum alten Uhu, denn der weiß eine ganze Menge wichtiger Sachen", empfahl er. Und seine Stacheln zuckten bei jedem Wort. So aufgeregt war der Igel.

Das Wildschwein fand den Vorschlag eigentlich ganz brauchbar. Deshalb bedankte es sich bei dem Igel und zog weiter. Als das Wildschwein bei dem Baum ankam, wo der alte Uhu meistens ruhte, rief es schon aus der Ferne: „Uhu, bist du da?"
„Aber ja doch", erklang es von einem der unteren Äste.
„Keine Eile. Was ist denn los?"

Das Wildschwein erzählte atemlos, was es von der Taube gehört und mit dem Igel besprochen hatte.

„Und was erwartest du von mir?", fragte die alte Eule.

„Das liegt auf der Hand. Sage mir: Welcher Unterschied besteht zwischen mir und dem, sagen wir, Menschenschwein, das die Taube gesehen hat?"

„Eine Verschiedenheit kennst du schon", sagte der Uhu. „Ihr seht anders aus. Aber das ist noch nicht alles. Was euch vor allem trennt, ist die Freiheit, die du hier im Wald hast und die das Menschenschwein offenkundig nicht hat."

„Freiheit? Was ist das? … Muss ich es wissen?", fragte das Wildschwein erstaunt.

„Nun, du weißt es nicht, weil du nie das Gegenteil von deiner Lebensweise erlebt hast. Wenn jemand eingesperrt ist und nicht mehr tun kann, was er will, dann ist er unfrei. Du hingegen kannst laufen und rennen, wohin dich Wind und Wetter treiben."

Das Schwein war überrascht: „Das bedeutet Freiheit?"

„Nicht nur", antwortete der gefiederte Ratgeber. „Freiheit ist noch mehr. Frei-Sein heißt auch: anderen Wesen ihre Freiheit lassen. Stell' dir vor, du würdest den Igel, den du vorhin getroffen hast, einsperren. Dann wäre der Igel nicht mehr frei. Und du auch nicht. Denn du müsstest ihn ständig bewachen und könntest sonst kaum noch etwas tun. Etwas anderes wäre es allerdings, wenn du ihm beistehen würdest. Dann sähe jeder: Niemand hindert dich am Helfen, du bist frei dafür."

„Und der Igel?"

„Der Igel wäre froh. Ihm hättest du etwas Gutes getan."

„Freiheit ist zwar schwierig, aber schön", murmelte das Borstenvieh. „Wer nicht eingesperrt ist und anderen helfen kann, wenn er Lust hat, der soll frei sein? Wunderbar!"

Von nun an lief das Wildschwein wieder fröhlich und heiter durch den großen Wald. Und der Uhu genoss seine Freiheit. Er konnte schlafen oder wachen, schweigen oder Ratschläge geben. Ganz so, wie es ihm gefiel.

Ich wär' nicht gern gefangen

Text: Hermann Schulze-Berndt
Musik: Werner Totzauer

Refrain:
Grunz, grunz, grunz, grunz, grunz, grunz.
Ich wär' nicht gern gefangen, bin viel lieber frei.
Ich will zum Glück gelangen und mag kein Einerlei.

1. Die Freiheit ist was Schönes,
wenn man sie richtig nutzt,
was wirklich Angenehmes,
wenn man dem Bösen trotzt.

2. Die Freiheit, gut zu leben,
beanspruche ich gern.
Ich will für sie was geben,
dann bleibt sie mir nicht fern.

Unruhe im Ameisenstaat

Überall in den Wäldern gelten die roten Ameisen als nützlich. Denn sie bekämpfen schädliche Insekten. Deshalb nennt man sie auch die „Waldpolizei". Wie die Menschen leben sie in Staaten, das heißt in großen Gemeinschaften, in denen viele sich an die gleichen Regeln halten und bestimmte Aufgaben übernehmen.

Im Wald der alten Eule hatten die Ameisen ihre Königin verloren. Sie war sehr alt gewesen und hatte das Insektenvolk lange regiert. Aber dann war sie gestorben. Die kleinen Untertanen waren traurig und ratlos. Sie versammelten sich in der großen Kammer des weit verzweigten Nestbaus, um gemeinsam zu überlegen, wie es nach der Beerdigung weitergehen sollte. Nach langem Hin und Her kam man schließlich überein, von außerhalb Bewerberinnen für den Thron einzuladen. Denn die verstorbene Königin hatte zuletzt keine Kinder hinterlassen.

Unter ihren Volksgenossen befanden sich obendrein nur Arbeiter-Ameisen, die viel kleiner waren als die Königin und deshalb nach alter Ameisensitte nicht die Leitung des Staates übernehmen konnten.

Nach ein paar Tagen hatten sich drei Kandidatinnen aus fremden Gegenden eingefunden. Die Ameisen standen vor der Qual der Wahl.
„Welche der drei kann uns am besten führen?", fragte eine von ihnen.
„Alle drei sind stattlich gebaut und strahlen nach außen jene Würde aus, die eine Königin haben sollte", meinte eine andere.

Die Auswahl wurde so schwierig, dass die fleißigen Arbeiterinnen des Waldes nicht mehr ein noch aus wussten. Eine von ihnen kam auf die Idee, zum alten Uhu zu ziehen und ihn um Abhilfe zu bitten. Dieser Vorschlag fand allgemeine Zustimmung. Und so liefen die drei Bewerberinnen gemeinsam mit dem Ameisenvolk zum greisen Waldrichter.

Der Uhu hörte sich geduldig an, welches Anliegen die kleinen Tiere vorzubringen hatten. Dann sprach er langsam und bedächtig: „Ein Rätsel soll entscheiden, wer eure Königin sein wird. Wer die Lösung weiß, hat gewonnen, sofern keine von den anderen ebenfalls die richtige Antwort kennt. Hört also gut zu, ihr drei:
Was muss man tun, um andere glücklich zu machen?
- Ihnen möglichst viel Essen verschaffen,
- dafür sorgen, dass sie Macht bekommen oder
- ihnen das schönste Vergnügen der Welt zeigen?

Schreibt die Antworten bitte vor euch in den Sand und lest sie dann nacheinander vor."

Die erste Kandidatin entschied sich für die erste Möglichkeit. „Möglichst viel zu essen", stand im Sand geschrieben. Die zweite Bewerberin meinte, das schönste Vergnügen sei die beste Lösung. Die dritte hatte gar nichts in den Sand geschrieben.
„Nun", sagte der Uhu mit mahnender Miene zu ihr. „Welchen der drei Wege ziehst du vor?"
„Überhaupt keinen", war ihre kurze Erwiderung.

Der Vogel ließ nicht locker: „Warum?"

„Keiner ist richtig, alle drei sind verkehrt", kam es aus dem Mund der dritten Kandidatin. Durch die Reihen der Ameisen ging ein Raunen. „Bravo", sprach der alte Uhu.

Dabei bemerkte er die staunenden Augen aller Ameisen, die bisher wie gebannt zugehört hatten. „Du hast die eigentliche Lösung des Rätsels herausgefunden", lobte die Eule. „Im Grunde taugt keine der drei Möglichkeiten, um andere glücklich zu machen. Man braucht zwar immer etwas zu essen, aber das ist eben noch längst nicht alles im Leben."
Viele Ameisen nickten beifällig. „Man kann zwar mit Macht viel anfangen", fuhr der Uhu fort, „aber keineswegs das letzte Glück finden.

Denn oft bleibt unklar, ob die Macht zum Guten oder zum Bösen genutzt wird. Man kann zwar das Vergnügen suchen, aber man weiß nicht, ob es gerade das Schönste ist, das man ausprobiert. Denn bisher sind immer wieder aufregendere Genüsse gefunden worden. Wer andere wirklich zufrieden machen will, sollte nach anderen Gütern streben. Welche könnten das sein, du Siegerin des Wettbewerbs?"

„Da gibt es eine ganze Reihe", erklärte die neue Königin.

„Gerechtigkeit, Frieden und Liebe zum Beispiel. Sie gehören zu den wichtigsten Zielen,
für die ich mich einsetzen kann. Allerdings
müssen Gerechtigkeit, Frieden und Liebe stets
mit Inhalt gefüllt werden."

„Wie stellst du dir das vor?", fragte eine
andere Ameise.
Die neue Königin lächelte. „Gerechtigkeit
bedeutet zum Beispiel, dass jeder das
bekommt, was er verdient. Frieden heißt:
Wir wollen untereinander möglichst keine
Gewalt anwenden. Und Liebe ist das Schönste
von allen dreien: Wir achten uns gegenseitig
und haben uns gern."

Die Ameisen jubelten über die Worte ihres
neuen Oberhaupts. Sie begleiteten die Siegerin
in einem Triumphzug zum Nest. Die zwei
Verliererinnen vergaßen ihren Kummer rasch.
Denn sie wurden von der Königin eingeladen,
noch ein paar Tage zu bleiben und im Wald
Urlaub zu machen.

Was krabbelt da im Wald herum

♩ = 108

1. Was krab - belt da im Wald he - rum, im
Wald he - rum? Was krab - belt da im Wald he - rum, im
Wald he - rum? A - mei - sen! Und sie
krab - beln, und sie krab - beln, und sie
krab - beln (noch 3x) im Wald um - her. Denn sie
bil - den, denn sie bil - den, denn sie
bil - den (noch 3x) ein gro - ßes Heer.

Text: Hermann Schulze-Berndt
Musik: Werner Totzauer

20

1. Was krabbelt da im Wald herum,
   im Wald herum?
   Was krabbelt da im Wald herum,
   im Wald herum?

2. Wer hat im Wald sogar 'nen Staat,
   sogar 'nen Staat?
   Wer hat im Wald sogar 'nen Staat,
   sogar 'nen Staat?

3. Wer hat im Wald den schönsten Bau,
   den schönsten Bau?
   Wer hat im Wald den schönsten Bau,
   den schönsten Bau?

Refrain:
Ameisen!
Und sie krabbeln, und sie krabbeln, und sie krabbeln,
und sie krabbeln, und sie krabbeln, und sie krabbeln,
im Wald umher.
Denn sie bilden, denn sie bilden, denn sie bilden,
denn sie bilden, denn sie bilden, denn sie bilden,
ein großes Heer.

Die Maus,
die nicht zu klein ist

Der alte Uhu hatte gerade auf dem moosigen Waldboden unter einer Buche Platz genommen, als eine kleine, graue Maus des Weges kam.

„Was machst du denn für ein Gesicht?" fragte der Vogel. „Du siehst ja aus, als ob jeden Moment der Himmel über uns zusammenbrechen könnte."
„Ich fühle mich auch so", erwiderte die Maus.
„Erzähl' mir, was dich bedrückt."
„Eigentlich möchte ich nicht darüber reden", winkte die Maus ab.

„Glaubst du etwa, ich würde es hinterher überall im Wald herumposaunen? Das ist doch Quatsch. Mir kann man vertrauen", beruhigte die Eule das graue Tier.

„Na gut", flüsterte die Maus und schaute sich dabei vorsichtig nach allen Seiten um, damit sie sicher sein konnte, nicht belauscht zu werden.

„Ich bin zu klein", stotterte sie endlich. „Es ist schon schlimm genug, dass Mäuse zu den kleinsten Tieren im Wald gehören, wenn man einmal von den Insekten absieht. Aber sogar unter meinen Artgenossen werde ich schief angeguckt. Das liegt bestimmt daran, dass sie mich für zu klein halten."

„Woher willst du das wissen?" konterte der Uhu.

„Sie behandeln mich geringschätzig."

„Seit wann ist das so?"

„Eigentlich seit ich denken kann. Schon mein großer Bruder hat mich stets gehänselt."

„Und du hast dich nie dagegen gewehrt?"

„Warum? Es war ja schließlich mein Bruder. Außerdem: Hätte ich mit den gleichen Mitteln zurückschlagen sollen?"

„So habe ich es nicht gemeint", sagte der Uhu. „Wenn ich recht sehe, hast du keinen Grund, an deinem Selbstvertrauen zu zweifeln. Ich finde es wenigstens eine tolle Sache, wenn jemand den Ärger, den andere ihm bereiten, nicht mit gleicher Münze heimzahlt."

Die Maus staunte: „Das findest du toll? Das hat mir bislang noch keiner gesagt!"

„Eben deswegen fühlst du dich auch zu klein. In Wirklichkeit bist du größer als mancher Hirsch oder Bär hier im Wald, weil du Rücksicht nehmen kannst."

Die Maus war noch nicht zufrieden. „Aber muss ich immer zurückstecken? Können denn nicht auch einmal die anderen auf mich achten?"

„Sie können es nicht nur, sie sollten es sogar", gab der Uhu zu verstehen. „Nur: Du kannst nicht auf die anderen warten."

„Schön und gut... Aber was soll ich statt-dessen tun?"

„Zeige ihnen durch dein Verhalten, wie dumm sie sich manchmal aufführen. Wenn es um eine wichtige Sache geht, kannst du deine Meinung sagen. In der Art, wie du dies tust, solltest du allerdings höflich und rücksichtsvoll bleiben. Dann bist du nicht klein, sondern groß. Egal, ob die anderen das anerkennen oder nicht."

Endlich zeigte sich ein Lachen auf dem Mausgesicht. „Vielen Dank, lieber Uhu. Deine Worte haben mir wieder Mut gegeben. Jetzt ahne ich, wo man wirklich groß und klein ist."

Ehe sich der Uhu versah, war das Mäuschen aus seinem Blickfeld verschwunden. Aber immer, wenn er seitdem eine graue Maus über den Waldboden huschen sah, musste er an dieses Gespräch denken.

Man ist ...

Text: Hermann Schulze-Berndt
Musik: Werner Totzauer

Man ist groß, wie man sich fühlt,
wenn man das Spiel der Liebe spielt.

Man ist so klein, wie man sich gibt,
wenn man das Gute stets verschiebt.

Man ist so alt, wie man sich lenkt,
wenn man das Neue nicht verdrängt.

Der klingende Regenbogen

Einmal traf ein Eichhörnchen bei seinen Ausflügen durch die Baumwipfel mit dem alten Uhu zusammen.

„Du musst der kluge Ratgeber sein, von dem mir schon viele erzählt haben", plapperte das Eichhörnchen.

„Ob ich klug bin, weiß ich nicht", entgegnete der Eulenvogel. „Aber Ratgeber bin ich dann und wann, falls man mich braucht. Darum hast du recht."

„Wenn du so weise bist, wie die anderen immer sagen", meinte das Eichhörnchen, „dann kannst du mir vielleicht helfen. Ich erlebe täglich etwas, was ich nicht verstehe."
„Schieß los", machte der Uhu Mut.

„Die Sache verhält sich so: In meiner Nachbarschaft wohnt eine Nachtigall. Jeden Morgen werde ich durch ihren Gesang geweckt. Und jeden Morgen muss ich wie gelähmt ihrem Zwitschern zuhören, ohne dass ich begreife, woran das liegt."

„Es liegt an der Schönheit", sagte der Uhu kurz und knapp.
„An der Schönheit?" erwiderte das Eichhörnchen stutzig. „Ich dachte, Schönheit hat nur etwas mit Aussehen zu tun, bei einem schönen Schmetterling zum Beispiel. Aber die Nachtigall sehe ich ja meistens nie, ich höre sie ja nur."

„Schönheit kannst du nicht nur allein durch die Augen erfahren", erläuterte der alte Vogel. „Auch die Ohren können etwas wahrnehmen, was man als schön empfindet. Im Falle der Nachtigall ist es die Schönheit ihres Gesanges, die dich so sehr beeindruckt. Denn es sind nicht einfach nur Töne. Es ist mehr als das, es ist Musik."

„Musik?" Das Eichhörnchen schien dieses Wort noch nie gehört zu haben.
„Ja, Musik", bekräftigte der Uhu.

„Das ist, wie wenn nach einem schweren Gewitter plötzlich die Sonne kommt und am Himmel ein farbenprächtiger Regenbogen zu sehen ist. Eine wunderbare Vielfalt der Farben, und doch sind sie irgendwie geordnet. So ist es auch mit den Tönen. Eine Fülle von Klängen, die – wie durch einen Zauberspruch – sehr wohltuend wirken, weil sie erst durch ihre Abfolge ein einträchtiges Ganzes ergeben. Das ist das Geheimnis der Musik. Du spürst es an jedem Morgen."

Das Eichhörnchen nickte zustimmend. „Das Zwitschern der Nachtigall wirkt in meinen Ohren schön, weil es Musik ist, sozusagen ein klingender Regenbogen." Der Uhu zwinkerte mit einem Auge. „Du hast es erfasst."

Fröhlich hüpfte das Eichhörnchen von Baum zu Baum. Und jedem Tier, dem es unterwegs begegnete, erzählte es von dem, was der alte Uhu ihm gesagt hatte. So verbreitete sich die Kunde rasch im ganzen Wald und auch darüber hinaus.

Regenbogen schön

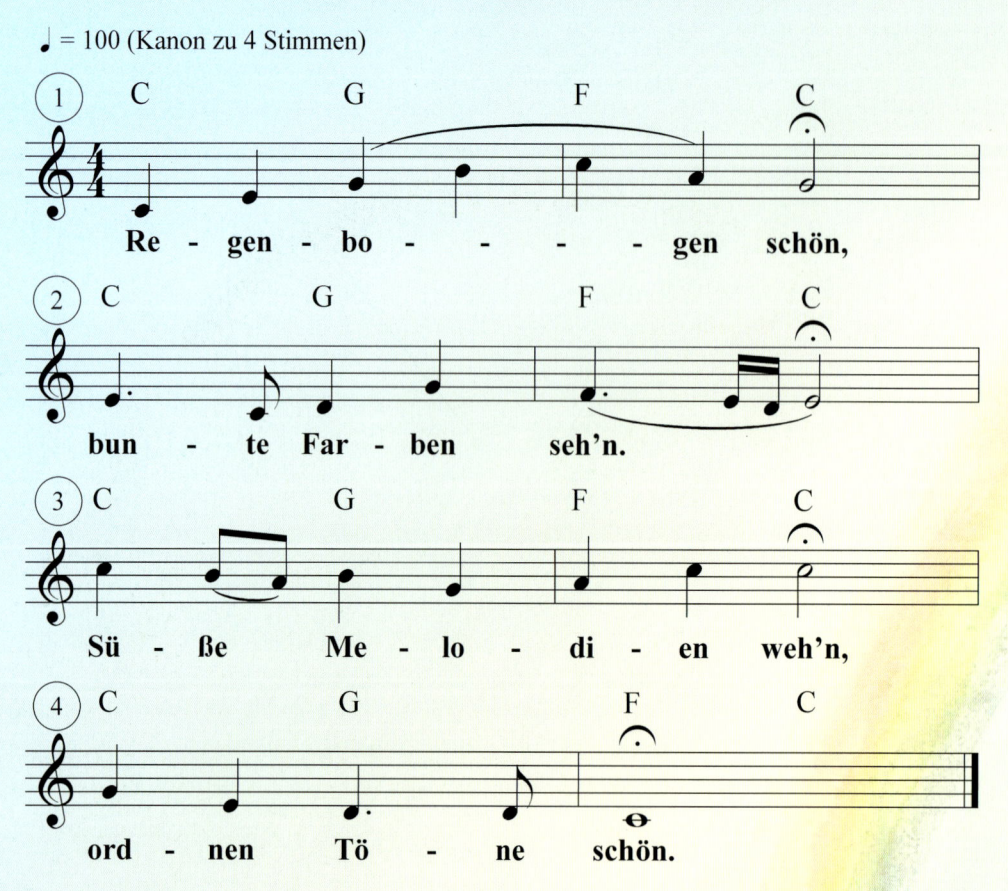

♩ = 100 (Kanon zu 4 Stimmen)

1. Re - gen - bo - - - gen schön,
2. bun - te Far - ben seh'n.
3. Sü - ße Me - lo - di - en weh'n,
4. ord - nen Tö - ne schön.

Text: Hermann Schulze-Berndt
Musik: Werner Totzauer

Regenbogen schön, bunte Farben seh'n.
Süße Melodien weh'n, ordnen Töne schön.

28

Der Handel mit Tannenzapfen

Zwei Igel-Brüder hatten einst eine Idee. Sie waren es leid, den ganzen Tag herumzulaufen, um Futter zu sammeln. „Das sollen andere für uns tun", sagten sie sich. Die große Frage war nur: Wie ist das anzustellen? Der Ältere von den beiden schlug vor, flinke Wiesel könnten ihnen die Nahrung herbeischaffen.

„Aber wie willst du die denn davon überzeugen, dass sie für uns arbeiten?", hielt ihm sein Bruder entgegen.

„Indem wir sie bezahlen", meinte der Ältere.
„Womit denn?"
„Mit Tannenzapfen zum Beispiel."
„Was ist an Tannenzapfen so wertvoll, dass andere Tiere dafür arbeiten würden?"
„Im Augenblick noch gar nichts. Aber demnächst."
„Was heißt hier demnächst?"
„Nun ... wir müssen im Wald eine Nachricht verbreiten: Für die Tannenzapfen sind bei uns Nahrungsmittel zu erwerben. Dann bringen uns alle Tiere, die keine Lust haben, Futter zu suchen, Tannenzapfen herbei. Wir geben ihnen dafür etwas von dem, was die Wiesel uns besorgen. Und belohnen diese wiederum mit einigen der Tannenzapfen. Hauptsache, wir ordnen das Verhältnis

zwischen Futter, Tannenzapfen und Wiesel-Arbeit so geschickt, dass immer genug Tannenzapfen für uns übrig bleiben."

„Wie macht man das?"

„Ganz einfach. Durch Preise. Jede Knolle oder Wurzel hat einen bestimmten Preis. Das Gleiche gilt für die Anstrengung der Wiesel."

„Und was ist, wenn die Tannenbäume eines Tages keine Zapfen mehr haben?"

„Das ist nicht weiter schlimm, denn dann werden bereits genug davon im Umlauf sein."

„Ganz schön kompliziert", stöhnte der jüngere Igel-Bruder.

„Aber es verspricht Erfolg. Wir können es ja mal versuchen."

Die beiden stacheligen Faulenzer machten es genauso, wie der Ältere von ihnen gesagt hatte. Wiesel fanden sich genug, ebenso Abnehmer für das Futter.

Und so verging eine ganze Zeit. Die Igel hatten inzwischen Konkurrenz bekommen. Auch andere Tiere verkauften Nahrung gegen Tannenzapfen. Auf diese Weise entwickelte sich ein blühendes Geschäftsleben.

Doch die Freude darüber währte nicht sehr lange. Bald fingen einzelne Waldbewohner an, anderen die Tannenzapfen zu stehlen, weil sie neidisch waren, dass diese mehr davon besaßen. Manche wendeten sogar Gewalt an.

Wieder andere (wie zum Beispiel die zwei Igel) wurden faul und träge, weil sie über genügend Tannenzapfen verfügten, um sich alles leisten zu können. Vor allem die Wiesel arbeiteten wie verrückt, nur um möglichst viele Tannenzapfen zu kriegen. Dabei vernachlässigten sie allerdings ihre Familien.

Aus all dem entstand Streit. Immer wieder. Dem alten Uhu wurde das bald zu bunt. Er tat etwas, was er nur ganz selten einmal getan hatte. Er rief alle Waldbewohner auf einer großen Lichtung zusammen und hielt eine Rede: „Seit geraumer Zeit beobachte ich mit großer Sorge, was sich aus der Idee, Tannenzapfen als eine Art Zahlungsmittel zu benutzen, entwickelt hat: Neid, Hass, Faulheit, Streit, Überarbeitung, Gewalt. Ich sage euch: Noch können wir alles rückgängig machen. Erinnert euch daran, wie glücklich und zufrieden die meisten von uns waren, bevor die Sache mit den Tannenzapfen begann."

„Was schlägst du vor?", fragte eine Stimme. „An die Zukunft zu denken", fuhr die Eule fort. „Lasst uns gemeinsam beschließen: Jeder sucht sich wieder selbst sein Futter oder lässt es sich von anderen schenken." „Aber dann müssen wir ja wieder arbeiten!", riefen die beiden Igel-Brüder wie im Chor.

Der Uhu sah sie mit seinem durchdringenden Blick an. „Das schadet euch bestimmt nicht", sagte er. „Ihr seid ganz schön dick geworden."

Die Rede der alten Eule wirkte wie ein Schock auf die Tiere. Doch sie sahen ein, dass er recht hatte. Deshalb zeigten sie durch Beifall, wie sehr sie ihm zustimmten. Bald darauf hingen die Tannen wieder voller Zapfen, weil sie keiner mehr unter seine Kontrolle brachte. Das Leben im Wald kehrte in die gewohnten Bahnen zurück.

Tannenzapfen

♩ = 120

1. Tan - nen - zap - fen, Tan - nen - zap - fen,

Tan - nen - zap - fen, Tan - nen - zap - fen

kannst du dir in die Ho - se stop - fen. Ho - se stop - fen.

Tan - nen - zap - fen!

Text: Hermann Schulze-Berndt
Musik: Werner Totzauer

1. Tannenzapfen, Tannenzapfen,
kannst du dir in die Hose stopfen.

2. Hose stopfen, Hose stopfen
ohne Fäden heraus zu rupfen.

3. Raus zu rupfen, raus zu rupfen,
tut nicht not bei den Tannenzapfen.

Um die Wette

Ein Hirsch und ein Hase stritten, wer von ihnen beiden der Schnellere sei. Da sie sich nicht einigen konnten, gingen sie zum alten Uhu und baten um Rat.

Die Eule empfahl: „Veranstaltet doch einen Wettlauf, dann werdet ihr sehen, wer der Bessere ist."

Die beiden Streithähne willigten ein. Sie wollten sich schon über den Verlauf der Renn-strecke verständigen, als sie von einer Schnecke gefragt wurden: „Darf ich bei eurem Wettrennen mitmachen? Ich wollte immer schon mal erleben, wie so etwas geht!" Hase und Hirsch guckten einander erstaunt an und brachen in ein lautes Gelächter aus. „Du willst mitlaufen?", fragte der Hase. „Deine Aussichten auf den Sieg sind doch gleich Null."
„Schnecken bewegen sich viel zu langsam", fügte der Hirsch hinzu.

Trotzdem stimmten die großen Tiere zu. Beiden war klar, dass die Schnecke keine Siegeschance hatte. Deswegen durfte sie mitmachen.

Nach dem Start hechteten Hase und Hirsch Brust an Brust durch den Wald. Die Schnecke trottete gemächlich hinterher. Am Ziel waren die zwei Gegner noch immer gleichauf.

Da es im Wald keine Kamera gab, mit der ein Zielfoto möglich gewesen wäre, konnten die umstehenden Tiere keine genaue Entscheidung fällen, wer gewonnen hätte.

Stundenlang stritt man sich darüber, wer zum Sieger erklärt werden sollte. Der Hase beanspruchte den Titel lautstark für sich. Der Hirsch hingegen war nicht damit einverstanden und forderte seinerseits mit mächtigem Röhren, auf dem Siegertreppchen ganz oben stehen zu dürfen.
Während die zwei miteinander stritten, war auch die Schnecke am Ziel eingetroffen. Sie lief am Ende noch genauso ruhig und gemächlich wie am Anfang.

Hase und Hirsch mussten schließlich einsehen, dass sie allein keine Lösung finden konnten. Erneut baten sie den alten Uhu um einen Schiedsspruch: „Sag du uns, wer der Beste war."

Der Vogel zögerte und schaute die beiden Streithähne abwechselnd an. Dann fiel sein Blick auf die Schnecke. „Diese da ist die Beste von euch dreien gewesen", sprach er würdevoll. „Sie hat viel kürzere Beine als ihr. Im Vergleich zu euch war die Strecke dadurch für sie viel länger und beschwerlicher. Trotzdem hat sie durchgehalten und das Ziel erreicht. Ihre Geduld machte sie deshalb zur eigentlichen Siegerin des Rennens."

Die zwei Schnellläufer schauten überrascht. Mit einem solchen Spruch hatten sie überhaupt nicht gerechnet.

„Wie kann diese lahme und träge Schnecke schneller sein als wir?", riefen sie aufgeregt.

„Schneller war sie ja auch nicht", meinte der Uhu. „Aber ihr habt mich ja zuletzt nicht gefragt, wer der Schnellste, sondern wer der Beste war. Der Schnellste ist nicht immer der Beste. Denn auch Ausdauer und Beharrlichkeit verdienen Lob und Anerkennung. Das gab den Ausschlag zugunsten der Schnecke."

Hase und Hirsch waren zwar enttäuscht, aber sie wollten es sich mit der alten Eule nicht verderben. Darum beglückwünschten sie die Schnecke zu ihrem Gewinn. Noch heute, so erzählt man sich, sind Hase und Hirsch vorsichtig, wenn sie im Wald einer Schnecke begegnen.

Das macht Spaß

Text: Hermann Schulze-Berndt
Musik: Werner Totzauer

1. Um die Wette lachen, ha ha ha ha ha,
um die Wette lachen, ha ha ha ha ha.
Schöne Sachen machen, das macht Spaß!
Schöne Sachen machen, ja das macht Spaß.

2. Um die Wette singen, la la la la la,
um die Wette singen, la la la la la.
Viel zum Klingen bringen, das hat was!
Viel zum Klingen bringen, ja das hat was.

Tiefe Wurzeln

Wieder einmal machte ein flinkes Wiesel dem alten Uhu seine Aufwartung. Obwohl es immer froh und vergnügt ausschaute, war das Wiesel im Innern sehr nachdenklich. Der greise Uhu wusste das. Er fragte: „Worüber hast du denn diesmal nachgedacht?"

Das Wiesel tat überrascht: „Woher weißt du, dass ich über etwas nachgedacht habe?"
„Nun", sprach der Uhu. „Das lehrt die Erfahrung. Es war nämlich bisher immer so, wenn du mich besucht hast."

„Da magst du recht haben. Also, hör zu! Gestern habe ich vor einer knorrigen Eiche gehockt und deren Wurzel bestaunt. Da ist mir eingefallen, dass ich überhaupt nicht weiß, warum wir Tiere – im Gegensatz zu den Bäumen – keine Wurzel schlagen können. Kannst du mir darauf eine Antwort geben?"

„Ich kann es versuchen", entgegnete der Vogel. „Es ist nicht so, wie du sagst. Auch die Tiere können Wurzeln schlagen."
„Quatsch", meinte das Wiesel. „Ich sehe keine Wurzel an mir."

„Man sieht sie nur nicht, die Wurzeln der Tiere", erklärte der Uhu. „Denn sie sitzen nicht im Erdboden. Sie sind woanders, nämlich in den Herzen. Deine Wurzeln sind der Wald, der dir deine Wohnung gibt, die Freunde, mit denen du leben darfst, und die Familie, in

der du aufgewachsen bist. Ohne diese Wurzeln würde dein Leben jeden Halt verlieren, genau wie das der Eiche, die du bewundert hast. Hab' ich recht?"

„Ja, es stimmt", gab das Wiesel zu. „Mein Herz enthält die Wurzeln, die ich brauche. Vielen, vielen Dank. Alles Gute und bis zum nächsten Mal."

Ehe sich der Uhu versah, war das Wiesel schon seinen Blicken entschwunden, auf der Suche nach seinen tierischen Wurzeln.

Wurzeln

1. Die El - tern sind die Wur - zeln, aus de - nen man er - wächst. Die El - tern sind die Wur - zeln, aus de - nen man er - wächst. Al - les, was lebt, hat Wur - zeln, hand - fest o - der un - sicht - bar. Je - des Le - ben hat Quel - len, spru - delnd o - der un - schein - bar.

Text: Hermann Schulze-Berndt
Musik: Werner Totzauer

1. Die Eltern sind die Wurzeln,
   aus denen man erwächst.
   Die Eltern sind die Wurzeln,
   aus denen man erwächst.

2. Die Heimat ist die Quelle,
   aus der man schöpfen kann.
   Die Heimat ist die Quelle,
   aus der man schöpfen kann.

3. Der Glaube ist ein Sockel,
   auf dem sich's stehen lässt.
   Der Glaube ist ein Sockel,
   auf dem sich's stehen lässt.

Refrain:
Alles, was lebt, hat Wurzeln,
handfest oder unsichtbar.
Jedes Leben hat Quellen,
sprudelnd oder unscheinbar.

41

Die Sehnsucht des Kitzes

Im Wald der Eule gab es einen kleinen Weiher, an dem eine Entenfamilie lebte. Einer der jungen Entenbuben hatte ein kleines Rehkitz zum Freund, das immer zum Teich kam, um seinen Durst zu löschen. Entenkind und Rehkitz saßen dann oft stundenlang am Ufer, lauschten den Geräuschen des Waldes oder plauderten miteinander.

Einmal fragte das Kitz die Ente: „Immer dann, wenn ich meine Augen zum Himmel erhebe und dort Vögel fliegen oder gleiten sehe, regt sich in mir ein bisschen Neid. Ich ärgere mich, weil ich keine Flügel habe. Warum ist es eigentlich so, dass manche Tiere fliegen können, manche aber nicht?"
Die Ente erwiderte: „Darüber hab' ich auch schon nachgedacht. Eine Lösung dieses Rätsels ist mir freilich nicht eingefallen."

„Wenn wir beide keine Antwort wissen, sollten wir einen Älteren fragen", schlug das Kitz vor. Der Erpel war einverstanden. Sie beschlossen, gemeinsam den alten Uhu aufzusuchen und ihn um Rat zu fragen.

Der greise Vogel wollte gerade zum Mittagsschlaf ansetzen, als die zwei bei ihm aufkreuzten. Etwas unwirsch willigte er ein, ihnen zuzuhören. Als das Rehkitz das Rätsel erklärt hatte, antwortete der Uhu: „So, so, der Traum vom Fliegen bringt euch also dazu, mich vom Schlaf abzuhalten."

An das junge Reh gewandt, fuhr der Uhu fort: „Gewiss, ich kann verstehen, dass du neidisch bist. Ich wäre es wahrscheinlich auch an deiner Stelle. Aber dass wir Vögel Flügel haben und sie benutzen können, um uns damit in die Lüfte zu erheben, ist kein Vorrecht, das uns womöglich als besser oder wichtiger ausweist. Die Natur hat ganz einfach für eine gerechte Aufgabenverteilung gesorgt. Jedes Tier kann etwas, was ein anderes nicht vermag. Fische können beliebig lange unter Wasser schwimmen, Schlangen können besonders gut kriechen, Frösche können hüpfen, Vögel können fliegen und Rehe können gut laufen. Ich wäre zum Beispiel sehr froh, wenn ich meinen Körper am Erdboden so ansehnlich und elegant fortbewegen könnte wie du. Die natürliche Aufgabenverteilung hat freilich einen Haken: Jeder muss seine Aufgabe erst erkennen, um sie annehmen zu können."

Das Rehkitz fragte nach: „Sehe ich das richtig: Die Sehnsucht nach dem Fliegen könnte mich davon abhalten, das zu tun, was ich wirklich vermag?" Die alte Eule sagte nichts mehr, sondern nickte nur.

Kitz und Erpel zogen daraufhin zum Weiher zurück. Und der Uhu konnte endlich die Augen zum Schlaf schließen.

Der Wald und die vielen Bäume

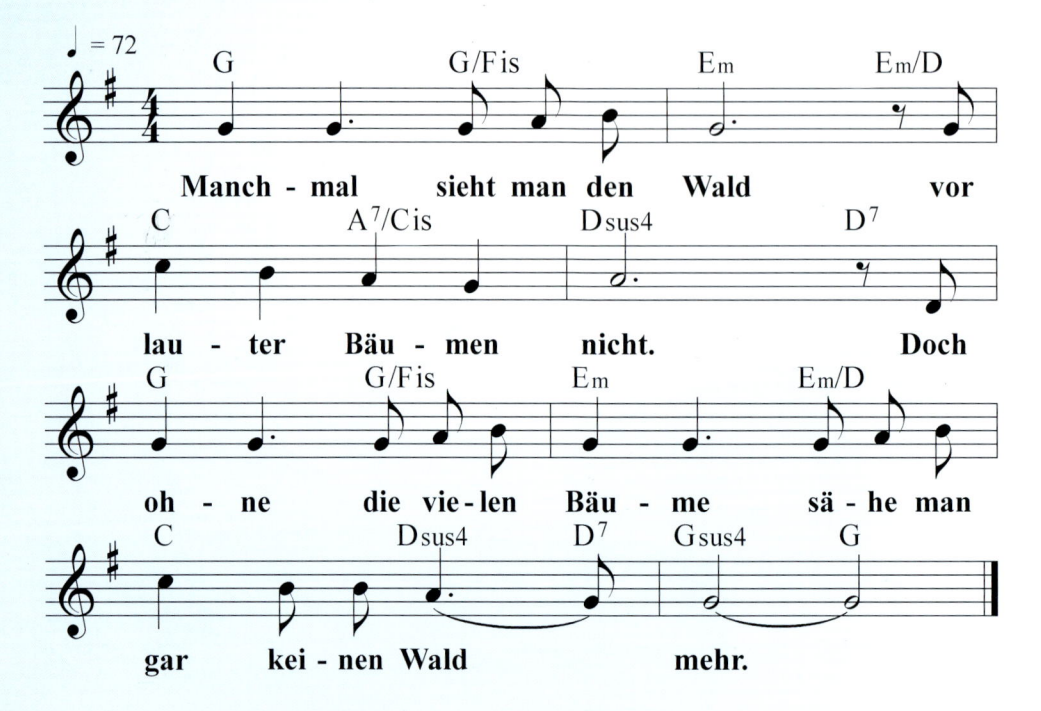

♩ = 72

| G | G/Fis | Em | Em/D |

Manch - mal   sieht man den   Wald   vor

| C | A⁷/Cis | Dsus4 | D⁷ |

lau - ter Bäu - men   nicht.   Doch

| G | G/Fis | Em | Em/D |

oh - ne   die vie - len   Bäu - me   sä - he man

| C | Dsus4 | D⁷ | Gsus4 | G |

gar   kei - nen Wald   mehr.

Text: Hermann Schulze-Berndt
Musik: Werner Totzauer

Grifftabelle für Gitarre

Tonika	Parallel Moll	Sub-dominante	Domi-nante		Tonika	Parallel Moll	Sub-dominante	Domi-nante
xx **Fis**	xx **dis**	x **H**	x **Cis**⁷ x		B **1. Umkeh-rung**	xx **g**	x **Es**	**F**⁷
As	x **f**	x **Des**	xx **Es**⁷		**F**	x **d**	x **B**	x **C**⁷
xx **Es**	x **c**	xx **As** **2. Umkeh-rung** x	**B**⁷					

1-Zeigefinger   X = Leersaite
2-Mittelfinger   Barré = die Saite wird
3-Ringfinger   mit dem Zeigefinger „gesperrt"
4-kleiner Finger

© 2014 design cat GmbH

Genehmigte Lizenzausgabe von Kinderland®,
einem Imprint von K75 Medienpark GmbH
Fränkisch-Crumbach 2014
www.k75-medienpark.de

Projektleitung: Sonja Sammüller
Herausgeber: Manfred Ulrich

Illustrationen: Janna Steinmann
Texte: Hermann Schulze-Berndt
Musik: Werner Totzauer
Sprecherin: Bridget Hlatky
Gesang: Sibylle Schmidt, Kerstin Stefan, Andrea Kreuziger,
Maria Edinger, Werner Totzauer
Musiktitel und Notenbild:
design cat GmbH, Fränkisch-Crumbach
Layout, Satz und Umschlaggestaltung:
design cat GmbH, Fränkisch-Crumbach

ISBN: 978-3-95706-200-0